어우동 스캔들

시조사랑시인선 36

최은희 시조집

■
어우동 스캔들

열린출판

■ 시인의 말

하루 두 끼를 굶더라도 하루 한 줄 시조를 쓰자

"하루 두 끼를 굶더라도 하루 한 줄 소설을 쓰자"는 언론인이며 소설가였던 내 아버지 백결 최태응 작가의 좌우명이다. 이 얼마나 부끄럽고 나태한 나의 창작 생활에 채찍을 주시는 말씀인가.

이 글귀를 생각할 때마다 3장 6구 12소절의 한 올 한 올 떠가는 내 손길에 전율을 느낀다. 때맞춰 가슴 가득 차오르는 촌철살인에 대한 이 시대의 미션(mission)을 주체할 길이 없기에 오늘도 나는 펜을 들고 씨름을 거듭하고 있다.

책상 가득 펼쳐놓은 두 번째 시조집 원고들 위로 스승님이 보이고 들린다.

고故 일상一常 김광수 선생이 그립다, 아주 많이….

길지 않은 시작詩作 생활 동안 어리석은 까닭으로 몇 번이나 원고지를 밀쳤던 일이 있었는데, 그때마다 선생께선 내가 꼼짝 못 하고 펜을 다시 들게 하셨다. 사향師香 가득한 얼굴이 선연히 떠오르며 눈시울이 젖는다.

두 번째 시조집에서는 꼭 평설을 받고 싶었던 소망을 이루지 못하지만 누워계신 하동河東에 가 뵙고 나의 덜 익은 작품들을 들려드리고 싶다.

원고정리의 마지막 단계에서 나는 여지없이 아버지께 붙들렸다. 그를 만질 수 없는 쓸쓸함에 몇 날 밤을 눈물범벅으로 지냈다.

다음 달 초에 뉴욕에 간다. 부모님이 손잡고 계신 롱 아일랜드의 파인 란 메모리얼파크에 색색의 봄꽃 향기를 흩뿌리고 두 분 앞에 퍼질러 앉아 저물도록 넋두리하며 막내의 어리광을 풀어놓으려 한다. 시조집 펼쳐놓고 "날 닮았다 하소서!"라며 떼를 쓸 참이다.

나는 여태껏 삶의 9할도 넘는 날 동안 클래식 음악을 끌어안고 살아왔다. 셀 수도 없는 콩나물 대가리(음표音標)들을 들여다보면서…. 특별히 종교음악, 교회음악, 모차르트는 내 삶의 최고의 가치이다.

예순이 넘어 시작한 시작詩作이 내게 어울리지도 않을 뿐만 아니라 부질없다는 생각에 짓눌려 여러 차례 도리질해 왔다. '음악이 세상에서 비할 데 없이 위대한 것'이라는 고정관념이 내 의식을 지배하고 있었다.

시조를 완성하는 과정 가운데 시조와 음악이 데칼코마니(Decalcomanie) 혹은 일란성 쌍둥이처럼 느껴졌다. 그 매력에 빠져서 짓다 보니 '시조가 곧 노래'라는 걸 알게 되었다. 나는 언제나 가곡의 노랫말(가사)을 짓는 것처럼 시조를 쓴다. 완성 뒤엔 그것에다 내가 아는 한국 가곡의 멜로디에 맞춰 노래를 불러 본다. 그럴 때마다 잘 맞는 옷을 입은 것처럼 편안함과 즐거움을 누린다. 시조의 음률 때문이다. 이제 나의 모든 시조는 나의 노래가 된다.

적잖은 이들이 죄의식 없이 헛된 바벨탑을 높이높이 쌓고 있는 작금의 세태에 시조시인은 사뭇 맘 둘 곳 없는 이들에게 위로의 붓을 움직여야 할 때라 여겨진다.

젊은이들의 시조에 대한 '우리의 것'이란 자긍심 고취와 관심, 시조의 길로 인도하기 등은 우리 모두의 큰 숙제이며 난제이다. 그들에게 공유와 공감을 얻어 내고 시조의 매력을 느끼게 해 주고픈 작은 바람에 늘 안타깝고 목마르다.

자신의 피와 뼛속에 시조의 밈(mem)이 깊게 자리하고 있음을 그들에게 알려주고 싶다.

나는 클래식 음악에 관한 이야기를 아카이브(archive)적 관점으로 접근한 작품을 낳으려 무던히 애를 기울이는데, 적잖은 외래어가 정형에 벗어나는 글자 수 혹은 주註를 통한 읽는 이의 이해도의 불확실성이 주는 염려 때문에 자주 허우적거리기 일쑤다.

어쩌다 심혈을 기울여 글자 수를 맞춰 우리말로 옮겨 놓을라치면 외래어가 주는 뉘앙스에 미치지 못함으로 느낌의 전달력 미흡에서 오는 불만족이 날 절망에 빠뜨리곤 한다. 그럴 때마다 스스로의 모자람에 속이 터지기도 한다.

그럼에도 제대로 써 보려 기를 쓴다.

어느새 백목련이 내 집 곁의 공원에 터질 듯이 꽃 이파리를 내지르고 있다. 나무에 손을 얹고 '목련꽃 그늘 아래서 베르테르의 편질 읽노라...' (박목월 시, 김순애 곡 「사월의 노래」) 작은 소리로 불러 본 오늘, 4월의 첫째 날이다.

  7년 전 천리포 수목원에서 처음 만난 빅토리아 목련에 홀려 숨을 멈춘 채 꽃잎과 눈 맞추고 서서 바라보다 끝끝내 눈물을 흘리고야 말았던 그때의 숨 막히는 설렘이 두 번째 시조집을 준비하는 지금, 이 순간 마법처럼 날 휩싸고 있다.

  아! 어쩌란 말인가!

  서문을 써 주신 김홍열 고문께 머리 숙여 감사드린다.

  엉킨 실타래의 끝을 찾으려 우왕좌왕할 때마다 응원과 조언을 아끼지 않으신 송현松玄 선생께 큰 절로 감사드린다.

  살갑게 챙겨주며 이 책이 봄 햇살을 만나게 해 주신 〈열린출판〉 임직원께도 고마움을 전한다.

2023.봄
동탄 세령마실에서 최은희

■ 서문

『어우동 스캔들』 서문

김흥열
(사)한국시조협회 고문

먼저 세령 시인의 시조집 『어우동 스캔들』 출간을 축하드린다. 내가 아는 세령 시인은 다재다능한 시인이시다.

작품집 제목부터가 그렇다. 독자의 관심을 마냥 부풀리는 재주가 배어 있지 않은가?

이번 작품집에서 나타난 작품의 특징을 보면 시조의 본령인 평시조가 대부분이라는 점, 작품을 물 흐르듯 편하게 쓴다는 점, 작품마다 혼이 배어 있다는 점, 그리고 언어를 부리는 재주가 남다르다는 점 등을 들 수 있다.

시인은 품성이 바르고 밝을 뿐 아니라 매사가 분명하다. (사)시조협회 사무총장을 역임해 오면서 협회 발전을 위해 늘 고심하고 연구하고 실천하려고 노력해온 존경 받는 분이시다.

세령 시인의 작품에 나타난 어떤 모습이나 지향점이 평소 시인의 생활 철학과 일치한다. 즉, 시인의 사고思考나 사유思惟의 세계가 이번 작품집에도 여실히 드러나 있음을 발견할 수 있는데, 이는 작가의 깔끔한 성격을 닮아서인지 상재된 작품마다 깔끔하고 단아端雅한 모습으로 독자를 대하기 때문이다.

   시대의 변천에도 불구하고 오히려 옛것을 지켜낼 때, 전통예술로서의 가치는 빛나게 되고 인정받게 된다. 발전이라는 핑계로 전통문화도 바뀌어야 한다고 하면 이는 이미 전통이 아니다. 마찬가지로 '시조' 역시 정체성이 분명한 시 장르이다. 현대적 감각이나 언어예술의 기법을 동원하더라도 그 정체성을 상실하면 본래의 전통적 예술의 가치는 없다고 본다.

   이런 점에 비추어 볼 때 세령 시인은 시조가 무엇인지 정확히 알고 있다. 어떤 전통예술이든지 변할 수 없는 정체성을 지니고 있는데 시인은 이 정체성을 분명히 살려내려고 무단히 노력한 흔적이 곳곳에서 발견된다. 한두 마디 글자가 어긋나기도 할 법한데 작품 어느 것도 시조의 정수精髓를 벗어난 것을 발견하지 못했다.

   이제 몇 작품을 골라 세령 최은희 선생이 사유思惟하고 있는 아름다운 시 세계를 구경해 보며 그 풍미를 맛보기로 한다.

   빗장을 굳게 지른 비원의 뒤뜰에다

   돌아온 덕혜옹주 꽃씨를 가득 뿌려

넋으로 터뜨린 망울 꽃대궐이 됐구나
「꽃 대궐, 낙선재 후원」 전문

덕혜옹주는 비운의 공주이다. 고종황제의 딸이지만 일제강점기에 강제로 일본에 끌려가 신여성 교육을 받아야 했고 일본의 정략에 의해 대마도주와 강제 결혼까지 하였으나 우울증과 실어증으로 고통을 받았다고 한다. 말년에 고국으로 돌아와 창덕궁 낙선재에 머물다 돌아가시기까지 눈물로 한 생을 마감한 공주이다.

작품의 초장 '빗장을 굳게 지른'이라는 표현에서 고국에 와서도 현실 세상과 격리되어 살고 있는 모습을 그려냈다. 지금 작가는 낙선재 뒤뜰에 가득 핀 꽃을 보면서 덕혜옹주가 외로움에 뿌린 꽃씨가 그의 넋을 이어받아 꽃대궐을 이루고 있는 것이 아닐까 하는 상상을 한다.

작품의 외형은 3.4.3.4, 3.4.3.4, 3.5.4.3의 완벽한 시조형식을 고수하고 있으며 장(章)마다 독립성 연결성 완결성이 분명하여 어느 하나 빈틈이 생기지 않도록 엮어 냈다. 더구나 시조의 매력인 상상력을 동원하여 지금 작가가 보고 있는 꽃밭은 일상적으로 접하는 아름다운 꽃밭이 아니라 한 맺힌 덕혜옹주의 생애를 부활시켜 꽃 대궐에서 나시 살게 하는 작가의 신비스러운 손재주로 만들어 낸 꽃밭이다. 그래서 지금 옹주는 꽃 대궐에 살고 있는 공주가 된다.

종장 처리가 돋보인다. 절망에서 희망을 보는 한 줄기 빛이다.

감정을 절제하여 간결하고 상징성을 잘 나타내도록 한 점이 돋보인다.

살굿빛 시를 쓰는 눈 시린 새 날 아침

처마 끝 달려 있는 고드름 펜을 삼아

퍼지는 햇살의 노래 온 누리로 띄운다.
「새날을 열며」 전문

이 작품은 시인의 마음이 보이는 새해 아침이다. 시간은 존재하지 않는 실체이다. 어제, 오늘, 내일이란 경계선은 존재하지 않음에도 불구하고 사람들은 새해 아침이 되면 한 해를 알차게 보낼 다짐을 하게 된다. 사람들은 절대적 양의 개념인 chronos를 만들어 놓고 절대적 질의 개념인 kairos를 추구한다. 즉, 시간의 개념(시계, 달력 등등)을 만들어 놓고 특별한 의미를 (생일, 결혼기념일 등등) 부여하여 자기만의 시간을 갖고자 한다. 작가가 주제를 '새날을 열며'라고 붙인 것도 카이로스의 개념을 살고 싶어서였을 것이다.

시인은 살굿빛 시를 써서 온 세상에 알리고 싶다고 한다. 비단결보다 고운 마음결이 보인다. 세상 사람들에게 기쁨을 주고 행복을 주는 한 해가 되고 싶다는 소망이다. 종장은 독자에게 희망을 주는 하나의 메시지이다.

발붙일 틈도 없는 이태원 골목길에

할로윈 악령들이 한바탕 놀고 갔나

새하얀 국화 송이가 눈꽃처럼 쌓인다.
「축제의 글」

 이 작품은 2022. 10. 29.에 발생한 이태원 참사를 다룬 작품이다. 가슴 아픈 사건이다. 화자는 지금 이 대참사를 악령들의 장난이라고 상상한다. 21세기의 문명사회에서 일반인의 정상적 생각으로는 발생이 불가능한 사건이기 때문이다.

 핼러윈(Halloween)이란 '모든 성인 대축일 전야제(All Hallows' Day evening)'의 줄임말로 죽은 자의 날인 10월 말일에 열리는 축제이다. 이 행사에는 악령들이 접근하지 못하도록 기괴한 복장을 입거나 가면을 쓰고 즐기는 날이다. 이런 축제에 악령들이 죽음의 축제를 벌이지 않고는 설명이 안 되는 비상식적 사건이 일어난 날이 바로 29일 밤이다.

 화자는 작품을 이끌어내는 솜씨 뛰어나다. 그날 저녁 벌어진 참상을 단 한마디도 말하지 않으면서 참혹한 아수라의 현장을 독자 스스로 실감하게 만들어 내고 있다. 악령들이 한바탕 놀고 간 뒤에 하얀 국화송이가 쌓인다는 표현하나로 충분하다. 함축성과 상징성을 잘 살려낸 표현이다.

 이 작품 역시 3.4.3.4, 3.4.3.4, 3.5.4.3의 반듯한 형식과 장

의 독립성 연결성 완결성이 전혀 흐트러짐이 없어 단정한 여인의 향기가 난다.

    이중섭이 그렸을까 피카소가 칠했을까
    온몸을 감아 도는 황갈색 호랑무늬
    고추뿔 불끈 세우고 콧김 휙휙 뿜는다.

    꾸짖듯 쏘아본다 이글대며 타는 눈빛
    먼지 낀 세상 향해 한 달음에 치받을 듯
    단숨에 박차고 나갈 땅을 박박 고른다.
                                   「칡소」

  한국의 근대미술을 대표하는 화가를 꼽으라면 이중섭 화가를 떠 올릴 것이다. 이 작품을 읽다 보면 '칡소'가 달려들 것 같은 생동감을 느낀다. 첫수 종장이 아주 절창이다,
  둘째 수는 독자에게 긴장감을 불러일으킨다. 중장에 "먼지 낀 세상"이라는 비유를 통하여 화자는 불의한 세상을 질타하고 있다. 이중섭 화가 자신도 이 '칡소'처럼 일정日政에 항거하는 마음이 늘 불타고 있었기에 불후의 대작이 나왔을 것이다.
  종장에 "단숨에 박차고 나갈 땅을 박박 고른다."라는 표현 역시 절창이다. 그림을 보지 않더라도 울분을 토하는 황소가 불의의 세상을 치받을 듯한 모습이 너무나 생생하게 다가온다. 상징성과 비장미가 돋보이는 작품이다.

이상 몇 작품을 골라 예로 들긴 하였지만 이번에 발표되는 작품 전체가 예문의 매력을 벗어나지 않는 상당한 수준에 이르러 있다. 한 마디로 시조의 <전형典型>이라 하겠다.

독자들로부터 많은 사랑을 받으리라는 확신을 갖는다. 앞으로도 더욱 좋은 작품을 생산해서 독자들에게 행복을 선물하는 사랑의 전도사기 되길 바라며 그들의 기억 속에 아름다운 시인의 모습으로 각인되어 있기를 바라는 마음이다.

다시 한번 시조집 상재를 축하드린다.

■ 차례

■ 시인의 말 …………………………………… 5
■ 서문: ………………………………………… 7

1부 올봄에도 나는 예쁘다

췱소 ……………………………………………… 23
불티 2 …………………………………………… 24
장미, 붉은 ……………………………………… 25
축제의 끝 ……………………………………… 26
황화黃花 코스모스 …………………………… 27
실어증 …………………………………………… 28
낙선재 모란 …………………………………… 29
꽃의 환幻 ……………………………………… 30
낙엽이 고운 까닭 …………………………… 31
쓰르라미 ……………………………………… 32
미생물처럼 …………………………………… 33
할로윈데이 …………………………………… 34
이집트에 내리는 비 ………………………… 35
가을 음악회 …………………………………… 36
다음 생엔 나비 ……………………………… 37
묻고 또 물어도 ……………………………… 38
달빛 아래 일타홍一朶紅 …………………… 39
개미의 가을 엽서 …………………………… 40
돌고래, 오늘 ………………………………… 41
올봄에도 나는 예쁘다 ……………………… 42

2부 자취는 아직 남아

꽃 대궐, 낙선재 후원 ·············· 45
매미의 뒷모습 ·············· 46
아버지의 손 편지 ·············· 47
내 무덤에 침을 뱉어라 ·············· 48
잘 있니 ·············· 49
자유의 여신, 지다 ·············· 50
몌별袂別 ·············· 51
가는 길·1 ·············· 52
가는 길·2 ·············· 53
가는 길·3 ·············· 54
낙산사에서 ·············· 55
처서, 매미 ·············· 56
남계서원 앞에서 ·············· 57
하얀 민들레 ·············· 58
법,법,법 ·············· 59
일두 정여창 생각 ·············· 60
휴전선의 진달래 ·············· 61
청개구리 ·············· 62
배티고개를 찾아서 ·············· 63
레퀴엠을 위하여 ·············· 64
어머니 ·············· 65

3부 세상은 눈부신데

위대하다, K클래식 ················· 69
봄, 봄 ························· 70
어느새 ························ 71
취타악吹打樂 ····················· 72
부르카 ························ 73
어우동 스캔들 ··················· 74
아라비아 윤尹씨 마을 ··············· 75
K-장단 ······················· 76
삼고무三鼓舞 ····················· 77
태평양 공화국 ··················· 78
허거프다, 처서 ·················· 79
동화同化 ······················· 80
어떤 작별 ······················ 81
아크부대 ······················ 82
밸런타인데이 ···················· 83
야차굼바의 길 ··················· 84
태평소 ························ 85
갯바위는 ······················· 86
겨울의 끝에서 ··················· 87
실絲, 사람 사이 ·················· 88
여름은 ························ 89

4부 타는 속 끄지 못해

말[言] ·· 93
서울의 단테 ······································ 94
바람에게 들어라 ································ 95
봄의 길목 ··· 96
해치獬豸 ··· 97
꽃 매미 ·· 98
내게 묻다·2 ····································· 99
벚꽃 질 때 ······································ 100
눈발이 되어 ···································· 101
동전 던지기 ···································· 102
2월의 골짜기엔 ······························· 103
하나님이 기가 막혀 ························· 104
가을엔 샹송을 ································· 105
큰 물 지다 ······································ 106
통영 낙조 ·· 107
제비나비 ··· 108
살아서 돌아오라 ····························· 109
서해수호의 날에 ····························· 110
융릉 개비자나무 ····························· 111
희아리를 줍다 ································· 112

5부 신논현역 7번 출구

새날을 열며 …………………………………… 115
제야의 눈 ……………………………………… 116
나야, 나 ………………………………………… 117
아모르 파티 …………………………………… 118
삶의 기슭 ……………………………………… 119
튤립 축제 ……………………………………… 120
홀로세 ………………………………………… 121
갯바위 ………………………………………… 122
미르테의 꽃·2 ………………………………… 123
겨울 미뉴에트 ………………………………… 124
개펄에서 ……………………………………… 125
신논현역 7번 출구 …………………………… 126
스핑크스의 미소 ……………………………… 127
다모클레스의 검 ……………………………… 128
부용대에서 …………………………………… 129
대장동에 서서 ………………………………… 130
어느 비[雨]요일 ……………………………… 131
봄옷을 꺼내며 ………………………………… 132
오늘은 물새로 ………………………………… 133
오래된 뉴스 …………………………………… 134
영부인의 브로치 ……………………………… 135

1부 올봄에도 나는 예쁘다

칡소

이중섭이 그렸을까 피카소가 칠했을까
온몸을 감아 도는 황갈색 호랑무늬
고추뿔 불끈 세우고 콧김 휙휙 뿜는다

꾸짖듯 쏘아 본다 이글대며 타는 눈빛
먼지 낀 세상 향해 한 달음에 치받을 듯
단숨에 박차고 나갈 땅을 박박 고른다

불티 2

날 닮아 붉디붉어 소란스런 너를 본다

타는 속 끄지 못해 온종일 들끓다가

그 열기 다 끌어모아 봉홧불을 올린다

장미, 붉은

눈물을 꾹꾹 찍어 눌러 쓴 행간마다

핏물 든 그리움이 검붉게 앉아있다

폭풍우 휘몰아치는 네 마음이 거기 있다

축제의 끝

발붙일 틈도 없는 이태원 골목길에

할로윈 악령들이 한바탕 놀고 갔나

새하얀 국화 송이가 눈꽃처럼 쌓인다

황화黃花 코스모스

혼절한 불덩이가 계림桂林 앞에 가득하다
천 년 전 별빛마냥 첨성대를 에워싸고
하늘은 그 불길 잡으려 빗방울을 던진다

꽃잎에 적바림된 금관 빛 숨은 얘기
켜켜이 응어리진 속 가을비로 씻어가며
못다 쓴 왕조의 전설 한 장 한 장 펼친다

실어증

수런대던 풀잎들이 말문을 굳게 닫고

달싹대던 골짜기도 메아리를 거두었네

까마귀 목쉰 울음만 마스크에 붙어 있다

낙선재 모란

망국의 한을 품고 살다 간 여인들이

다시금 살아나서 낙선재에 모여 있다

새롭게 찾아온 봄을 발밑에다 호령하며

꽃의 환幻

바람의 숨소리가 거칠던 지난밤에

봉싯한 꽃봉오리 어둠을 펼쳐 깔고

마침내 환성을 지르며 한세상을 낳고 있다.

낙엽이 고운 까닭

미련도 아쉬움도 한 점 없이 내려놓고
줄기에 새 살 품듯 기다리며 견딘 시간
지나간 생을 못 사뤄 돌이키며 삭인다

바람 따라 흩어지는 피붙이와 애별하고
제 아픔 옹이 속에 쟁여 놓고 키운 나무
한 가문 지키는 모성 뿌리 깊이 뻗음이다

쓰르라미

샛노란 띠를 두른 화려한 옷매무새

사람 하나 찾지 않는 짙푸른 숲속에서

날마다 누구를 향해 세레나데 부르나

미생물처럼

주름진 살 속 깊이 박혀있던 한숨들이

흐트러진 몸씨 말씨 바루어 키우려고

구멍 난 핏줄 안에서 몸부림을 치고 있다.

할로윈데이

서양의 귀신들이 아시아를 점령했다

눈, 코, 입 다른 얼굴 호박 속에 감추고서

사탕에 술을 바른 채 지옥문을 열고 있다

이집트에 내리는 비

좋은 일 생긴다네, 카이로에 비가 오면

촉촉이 젖는 가슴 종탑鍾塔에 차오를 때

살가운 문자메시지 빗물처럼 뚝뚝 듣네

가을 음악회

코러스 화음 맞춘 풀벌레 콘서트장

객석을 가득 메운 형형색색 꽃잎들이

바람결 기립 박수로 가을밤을 달군다.

다음 생엔 나비

뜨락의 풀잎들이 깍지 끼고 술렁일 때

너는 또 흰 냉이꽃, 그 꽃으로 피었구나

나도 곧 나비가 되어 여름 연다, 뜨겁게

묻고 또 물어도

모래 위 찍혀있는 겹겹의 새 발자국

포말로 덮고 지우는 파도가 묻고 있다

살다가 떠난 자리에 남은 것이 뭐냐고.

달빛 아래 일타홍―朶紅

실 같은 초승달이 노랗게 걸린 밤엔
달 속에 웃고 있는 한 여인을 생각한다
실타래 감긴 이야기 밤새도록 풀어간다

한 떨기 이름난 꽃 올곧은 향기 모아
외갈래 핏빛 사랑 꽃술 속에 사려놓고
일타홍 달빛 연가에 아침 안개 흩어진다

개미의 가을 엽서

열매를 따던 일은 한 여름 꿈이었나

눈 들면 울긋불긋 세상은 눈부신데

황금빛 이 계절에도 거둘 것이 없구나

돌고래, 오늘

싯누런 거품 위에 둥둥 뜬 악취 더미

비닐에 목이 졸린 수초는 쿨럭이고

먼바다 떼 울음소리 파도 속에 잠긴다

올봄에도 나는 예쁘다

나를 본 벚꽃 잎이 삐죽대는 환한 봄날

바람이 손을 잡고 매듭 한끝 짓고 풀 때

볕살이 두 팔을 뻗어 어깨동무 하고 있다

2부 자취는 아직 남아

꽃 대궐, 낙선재 후원

빗장을 굳게 지른 비원秘苑의 뒤뜰에다

돌아온 덕혜옹주 꽃씨를 가득 뿌려

넋으로 터뜨린 망울 꽃 대궐이 됐구나.

매미의 뒷모습

천의무봉 투명 날개 익선관 닮았구나

집 한 채 갖지 않고 이슬만 먹고 살다

육탈肉脫의 허물을 벗고 길 떠나는 선비야.

아버지의 손 편지

눌러 쓴 글자마다 발효된 자식 사랑

하늘 땅 둘러봐도 당신은 안 계시고

누렇게 색 바랜 엽서 고샅길을 달린다.

내 무덤에 침을 뱉어라
-뮤지컬 박정희

배고픈 가난살이 옛 시절이 펼쳐진다
새벽별 쏟아지는 보릿고개 딛고 서서
썩은 새 초가지붕에 슬레이트 올리던 날

몸은 비록 스러져도 자취는 아직 남아
꽃이란 꽃 다 피우는 삼천리 골골샅샅
우렁찬 새마을 노래 가슴골에 남아있다

잘 있니

하릴없는 몸살치레 번열煩熱로 신음하다

바람 맞은 봄꽃처럼 하르르 진 옥희야

오늘도 땀 젖은 묵주에 얼비친다, 네 얼굴

자유의 여신, 지다
-엘리자베스 여왕 장례식

푸르던 한 시대가 붉게붉게 저물었다

손에 든 횃불마저 이끼에 덮여 가고

소진된 자유의 삶이 놀빛으로 타고 있다

몌별袂別

살구나무 가지 위에 아기 참새 울던 그 날

걸음마다 꽃을 놓듯 울음 꾹꾹 찍는 길을

화관 쓴 꽃상여 한 채 흔들흔들 가고 있다

가는 길·1
-언니, 떠나다

한평생이 십리十里라면 오리五里도 못 갔구나

오는 길 가는 길이 울퉁불퉁 거칠어도

멀리서 왔던 그 길을 다시 가는 것인가

가는 길 · 2
-언니, 묻히다

고갯마루 굽이마다 뿌려 둔 마음씨는

꽃 피고 열매 맺는 가을 더 보지 않고

저렇게 서둘러 간다, 연기처럼 안개처럼

가는 길 · 3
-언니 생각

피붙이로 살붙이로 쉰 번의 봄을 맞다

여름 그 들머리에서 손을 놓은 내 사람아

지금은 어느 길 위에 오도카니 서 있는가

낙산사에서

눅진한 아침 햇살 창가에 해를 칠 때
속울음 울고 있을 동종銅鐘*에게 달려간다
한참을 부둥켜안고 다독이는 빈 가슴

불타버린 소나무를 기다리는 우리에게
백 년도 더 지나야 다시 볼 수 있다 하네
초록이 사라진 자리 가슴 치며 서 있다

*낙산사에 있는 보물 제479호로 지정된 구리종. 2005년 4월 5일 큰 산불로 녹아버렸다.

처서, 매미

잠 못 들어 뒤척이던 그 밤의 울음소리

허물만 남겨두고 아스라이 스러진다

구슬픈 진혼곡 같은 여름이 가고 있다.

남계서원 앞에서

백두대간 끝자락에 옛 숨결 서린 서원書院

바람 거센 역사 속에 드높인 임의 지절志節

세월은 빛이 바래도 그 혼魂만은 찬연하리

하얀 민들레

샛노란 봄볕보다 따스한 우리 엄마

보고픔이 힘겹다고 눈물짓지 말라는 듯

아버지 무덤 앞쪽에 흰 꽃으로 피었다

법,법,법
-뉴스를 보며

무도한 범법자들 지은 죄 산山 만하다

선량한 사람들의 뼈와 피 갉아 먹다

이제야 발가벗겨져 꼭지점의 끝을 본다

일두 정여창 생각

잎 지고 시들어도 다시 피는 꽃이 있다
화르르 날숨 불어 새날을 열어놓고
세상을 구하려는가, 하늘 뜻 엿보던 이

유배지 변방인들 아무려면 또 어떠랴
어린 새싹 불러 모아 우주를 가늠하던
그 눈빛 파랗게 살아 지리산을 살찌운다

갈기를 휘날리며 밤새워 달려온 길
산 첩첩 물도 첩첩 함양 땅에 뿌리 내린
그 선비 연꽃으로 피어 향기 오롯 전한다

휴전선의 진달래

바람은 어김없이 봄을 다시 싣고 왔다

임진강 변 바위틈을 비집고 든 갈망의 씨

피멍 든 역리逆理의 아픔이 붉은 꽃을 피운다

청개구리

때늦은 뉘우침에 잠 설친 밤 몇 날인가

젖은 눈이 써 내려간 절절한 저 사모곡

그 울음 하늘에 닿아 천둥소릴 내고 있다

배티고개*를 찾아서

몽글한 새털구름 하늘 메운 9월이면
신유년 그날처럼 배티고개 찾아간다
죽어서 크게 사는 이, 옛 성자를 만나러

남보다 먼저 깨쳐 빛으로 우뚝 선 분
거룩한 하늘의 말 4.4조調에 담아내며
죄 많은 통성기도로 천주가사天主歌辭 펼쳤다

초가를 휘적시던 마흔의 외론 그날
다시금 꽃으로 핀 무명씨 무덤 앞에
모자 쓴 어느 신부神父가 십자가를 세운다

---

*배나무 고개라는 뜻. 최양업 신부 박물관이 있다.

레퀴엠을 위하여

두 눈을 꼭 감은 채 어딜 급히 가고 있나

하늘일까 땅속일까 아니면 산 너머일까

둔중한 선율을 타고 건너간다, 긴 강을

어머니

세 살 난 딸을 두고 가버린 나의 사람
세상이 역겨웠나, 가냘픈 숨을 끊고
온종일 나를 휘감은 넋 하나 너울댄다

애달픈 손짓으로 지친 나를 일으키고
쪽빛 들녘 바람 되어 땀방울 훔치던 이
이순을 넘고 넘으니 그대 더욱 그립다

3부 세상은 눈부신데

위대하다, K클래식
-반 클라이번 콩쿠르 우승, 임윤찬

세계를 휘저었다, 섬섬옥수 열 손가락

건반 위 질주하는 초절기교* 현란하다

박수가 말을 삼켰다, 하늘땅도 기립했다

*프란츠 리스트(Franz Liszt)의 피아노 연주 테크닉을 집대성한 12곡의 연습곡.

봄, 봄

겨우내 살이 붙어 튼실해진 햇살 자락
버들개지 걸린 바람 솜털을 간질인다
산과 들 부산스럽다, 봄이 온 걸 알리려

산수유 가지마다 외투 같은 껍질 벗고
폭죽처럼 터뜨리는 샛노란 꽃망울들
하늘 땅 수다스럽다, 봄이 된 걸 즐기려

어느새

백 철쭉 하얀 꽃잎 백설 공주 화관인가
한 살이 언제였나 누렇게 주름진 채
어제를 회상하는 듯 땅을 보며 한숨짓네

젊은 날 생기롭던 이야기 들려주며
이제는 가야겠다, 이별의 말 건네준다
거울 속 내 모습이랑 어쩜 이리 닮았나

취타악 吹打樂

나팔 소리 북소리에 높은 기개 서려 있다

세계로 행진하는 배달겨레 흥과 풍악

유려한 가락 장단에 지구촌이 취한다

부르카*
-아프간 여인

망사의 창살 너머 보이는 검은 하늘

어두워진 세상 앞에 웃음도 거뭇하다

부릅뜬 알라의 눈에 여자는 다 죄인이다.

*이슬람 여성들의 전통 복식 중 하나로 눈 부위를 제외하고 머리부터 발목까지 덮는 의상.

어우동 스캔들

비단옷 차려입고 허언증 걸린 사내
허허한 몸뚱이를 날마다 구하려다
흑진주 선물로 받고 눈꼬리가 크렁하다

치우친 저울추를 온몸으로 지탱하며
눈보라 매질하는 바람도 대수인 듯
저승문 눈앞에 두고 낯꽃 색이 부시다

아라비아 윤ㅹ씨 마을

아라비아 사막에도 고구려 있었구나

알윤*에 터를 잡아 황무지 일군 천년

아잔의 기도 소리가 내 뿌리를 찾는다

*Al-Yun: 사우디 남동쪽의 작은 마을.
 1200년 전 당나라와 이슬람의 전쟁 당시 윤(ㅹ)씨 성의 고구려 병사가 잡혀가서 터를 잡은 곳.

K-장단

소리에 기가 있다 오천 년 숨결 있다

심장이 뛸 때마다 어깨가 들썩이는

불멸의 더운 피돌기 핏줄 따라 흐른다

삼고무三鼓舞

손과 손 춤을 춘다, 세 개의 북을 향해

가슴을 파고드는 한의 소리 흥의 소리

후끈한 휘모리장단에 푸른 하늘 출렁인다

태평양 공화국

남태평양 한가운데 외로이 뜬 키리바시*

불타는 산호의 나라 가장 먼저 해가 뜨면

차오른 수몰의 근심 이주할 땅 찾고 있다

*태평양 서쪽에 있는 섬나라 공화국.

허거프다, 처서

귀청을 찢어놓던 울음소리 들리잖네

태양의 불꽃 모아 한 생명 피워놓고

또 다른 기다림 하나 남겨둔 채 떠난 이여.

동화同化

산 위로 솟아오른 불잉걸 한 덩이가
눈 들어 산을 보는 백모란과 마주치면
그 순간 우주의 축이 태양계로 기운다

햇살이 종일 드는 언덕 아래 작은 집엔
우렁찬 울음소리 아기가 나왔구나
때맞춰 만삭의 봄이 몸을 풀기 시작한다

어떤 작별

미치광이 걸음새로 힌남노*가 다녀간 날

소년의 문자 한 통에 반도 땅이 다 젖었다**

그날에 쏟아진 눈물 수평선도 부풀었다

*2022.9.5. 동남부 지방을 강타한 태풍 이름.
**힌남노로 침수된 포항의 한 아파트 주차장에서 중학생 아들이 "엄마 사랑해요, 키워주셔서 감사해요."라며 엄마에게 남긴 말.

아크*부대

사막의 땡볕 뚫는 찌렁한 구호 소리

가슴에 조국 새긴 푸른 핏줄 팔뚝들이

아득히 지구를 돌아 형제 나라 껴안네

*아랍어로 '형제'라는 뜻

밸런타인데이

초콜릿 가게마다 웃음꽃 만발한다

하얼빈역 총소리가 재판정에 스러진 날

태양도 캔디 빛으로 동해를 건너온다

야차굼바*의 길

차디찬 설산雪山 자락 목숨을 걸어놓고

학교도 휴업한 채 황금 약초 찾는 길에

봄이 핀 히말라야가 긴 겨울을 털고 있다

*동충하초(금충초)

태평소

울음인 듯 신음인 듯 애절하고 구슬프다

외적을 무찌를 땐 힘과 용기 북돋우던

그 소리 바다를 건너 먼 대륙을 적신다

갯바위는

봄볕을 끌어모아 잘 데워진 아랫목에
칭얼대는 파도 업어 자장가로 재워주며
살뜰히 아기 키우는 울 엄마의 손길이다

바람의 심술 같은 젖몸살 통증에도
굴 딱지 나무뿌리 어르고 달래주며
맘 졸여 아기 돌보는 울 엄마의 품이다

겨울의 끝에서

잔설을 이고 앉은 산머리 희끗한데

응달진 골짝으로 돌아드는 더운 숨결

누군가 오시려는가 굳은 지심 들썩인다

실絲, 사람 사이

엉켜진 실타래를 한 올 한 올 풀어간다

맺고 뭉친 응어리도 다독이고 마무르는

둥그런 실꾸리 속에 감겨있다, 우리가.

여름은

땅 위에 터를 잡고 뿌리내린 숨탄 것들

초록을 마구 풀어 이에 저에 칠하느라

무명씨無名氏 풀과 덩굴도 밤낮없이 술렁인다

4부 타는 속 끄지 못해

말[言]

비 갠 뒤 바람몰이 꽃가지 휘젓는 밤

풍동번동風動幡動 우기느라 뒤척임만 무성하다

세상을 흔드는 소리 활자체로 일어선다

서울의 단테
-연옥 앞에서

아케론*의 입구같이 희부연 고속도로
구겨진 얼굴들이 창밖을 내다보고
차들도 발이 묶인 채 볼멘소리 쿨럭인다

불빛은 휘황해도 사태 지는 악취 속에
코와 귀 틀어막고 안간힘 써 버티어도
갈수록 야위어간다, 지상의 숨 탄 것들

오래도록 닫혀 있던 어둠의 동굴에도
백 년에 한 번씩은 허락된 회심悔心 있어
오늘이 그날이구나 돌아간다, 서울로

*죽음의 사자가 망자를 지옥으로 데려갈 때 건너는 강.

바람에게 들어라

산비둘기 구구 우는 홀로 된 그 봄날에

긴 세월 구석빼기 접어 둔 얘기 하나

끝끝내 전할 길 없어 바람에게 건넨다

봄의 길목

샛노란 움이 트는 산수유 가지 끝에
겨울의 미련인 듯 꽃샘추위 걸려 있다
훅! 끼친 햇살의 숨결 꽃망울이 툭! 터진다

동안거 푼 물소리도 치마폭에 봄을 담아
대지의 핏줄마다 온기를 나눠 준다
빛나는 청춘의 한때 한 세상이 또 열린다.

해치 獬豸

곧은 길 걸어와서 다리를 꼬고 앉아
광화문 들보 아래 의젓한 저 파수꾼
빛나는 서울의 불빛 온몸으로 받고 있다

투덜대는 사람 옆에 심통 난 자동차들
떼 몰이, 떼 몰이로 시답잖게 지나갈 때
잠 못 든 서울의 밤이 새 아침을 열고 있다

꽃 매미

날지는 못하면서 뜀박질은 잘도 하네

노래는 잃었어도 반짝이 옷 차려입고

오늘도 우화羽化를 꿈꾸며 가죽나무 파고든다.

내게 묻다 · 2

먼 훗날 내 살덩이 밀알처럼 썩어질까?

그리하여 뭇 생령生靈을 일으키는 거름 될까?

산 자여, 기지개 켜는 봄 품을 날 언제인가?

벚꽃 질 때

따스한 볕살 아래 또 누가 떠나는가

야윈 내 어깨 위로 바람이 지나가고

백발의 마른 꽃잎들 황혼 속에 지고 있다

눈발이 되어

소복이 쌓이는 눈 온 세상을 표백한다

그 곁에 함께 서서 눈발에 뺨 내주며

어둡고 그늘진 마음 하얘지고 싶어라

동전 던지기

청계천 팔석담에 은빛 동전 던져본다
지나간 너와 나의 고운 한때 떠올리다
물처럼 투명한 눈빛 다시 보길 꿈꾸며

트레비 분수에다 금빛 동전 또 던진다
철없는 공주 같은 로마의 휴일 위해
분수로 솟구칠 사랑 그날을 기다리며

2월의 골짜기엔

꽃 다시 피려는가 싹이 새로 돋으려나

신열에 달뜬 땅이 눈과 얼음 녹이는가

바람이 살갗 후벼도 춥다 차다 말도 없이

하나님이 기가 막혀

이 도시 저 도시에 신神 바람 불어댄다

속 검은 온갖 철새 골목골목 날아들어

선지자 이름을 팔며 돗자리를 깔고 있다

가을엔 샹송을

똬리 튼 얘기들이 낙엽처럼 익어 간다

떨구는 잎 새 따라 소리 가락 출렁이면

내 심장 가을을 닮아 너에게로 날아간다

큰물 지다

어디가 마을이고 어디가 강이었나
진흙과 모래덩이 안방까지 밀려드는
회오리 먹구름 아래 빛을 잃은 산과 들

고립된 지붕들이 무인도로 떠오른다
주인 찾아 헤엄치는 흙탕 속 소와 돼지
그즈음 댐의 수문이 울음 왈칵 쏟고 있다

통영 낙조

붉은빛 아우라에 섬들이 엎드리면
물결은 숨죽이며 하늘의 말 듣고 있다
놀빛에 상기된 얼굴 내 숨결이 가쁘다

바다도 산도 물도 허물없이 보듬으며
새날을 예비하듯 찬란한 저 뒷모습
붉은 해 떨어진 자리 내 그림자 서 있다

제비나비

청록빛 비단 날개 하늘이 준 품계던가
임자 없는 무덤 찾아 세세히 문안하고
홍살문 넘나들면서 지난 얘기 캐고 있다

작은 풀꽃 떨기마다 가볍게 입 맞추고
우듬지 끝에 앉아 곧추세운 더듬이로
억울한 신문고 소리 하나하나 듣고 있다

살아서 돌아오라
-조종사 극한훈련

빛 한 점 들지 않는 검디검은 침묵의 숲

하늘 땅 그 어름에 목숨을 걸어놓고

어머니 가슴을 더듬듯 어둠 자락 더듬는다

서해수호의 날에
-윤청자 할머니

비 오는 기념식장 구부정한 백발노인

삼대독자 목숨값을 국가에 돌려주고

축축한 핏빛 절규를 저 하늘에 토한다

융릉* 개비자나무

소나무 오백 그루 줄지은 능행길에

슬며시 따라와서 등을 미는 바람 한 점

못다 푼 세월의 애사哀史 매만지고 있는가

*경기 화성시에 소재한 장조莊祖(사도세자)와 헌경왕후 홍씨
 의 능.

희아리*를 줍다

유채색 간데없다 등이 마른 밭고랑에

박제인 듯 미라인 듯 누워있는 남루의 몸

희끗한 내 모습만 같아 선뜻 주워 거둔다

*약간 상한 채로 말라서 희끗희끗하게 얼룩이 진 고추.

5부 신논현역 7번 출구

새날을 열며

살굿빛 시를 쓰는 눈 시린 새 날 아침

처마 끝 달려있는 고드름 펜을 삼아

퍼지는 햇살의 노래 온 누리로 띄운다

제야의 눈

하루도 빠짐없이 차곡차곡 쌓은 죄업

그 흔적 다 덮으려 밤새워 내리는가

마지막 달력 한 장이 희미하게 멀어진다

나야, 나

색과 향이 빠져버린 시드는 풀꽃 같다

희미하게 비쳐 뵈는 동공 속 저 눈부처

낯선 듯 낯익은 듯이 거기 있다, 내 모습

아모르 파티*

예순 해 넘긴 삶이 둥글게 지나간다

뜨고 지는 태양 아래 떨어진 고운 꽃잎

저물녘 노을을 떠서 뜨겁게 날 감싼다

*amor fati: 너의 운명을 사랑하라

삶의 기슭

원죄를 생각하며 강가를 서성인다

강물도 모래톱도 나 몰라라 꽁지 뺄 때

수면을 탁 튕긴 빛이 심장을 관통한다.

튤립 축제

빛과 색 어우러진 오월의 무도회장

성장盛裝한 무희들이 바람에 몸 흔들며

가방 속 시름 따위는 놓고 가라 이른다.

홀로세*

하늘 땅 달아올라 바다도 함께 끓고

열돔에 갇힌 도시 뿜어대는 숨소리에

쥐라기 공룡시대가 폭풍우를 몰고 온다

*Holocene: 지질시대의 최후시대로 충적세, 전신세, 완신세 또는 현세라고도 한다.

갯바위

짠물로 씻고 씻는 온몸에 난 상처 자국

물소리 바람 소리 그 율격 되새기며

물새가 물어다 주는 뭍의 소식 듣는다

미르테의 꽃* · 2

밀어들 속삭이며 건반 위에 집을 짓고

달빛에 얼크러져 보드레한 포도주 맛

현란한 세레나데의 선율 속에 취한다

*독일 작곡가 슈만(Robert Alexander Schumann)의 가곡집.
 결혼식 전날 신부에게 바침.

겨울 미뉴에트

나목에 피어나는 눈꽃에 다가서면

여인의 발소리가 고요를 두드린다

언 땅을 뚫고 오르며 문을 여는 봄의 소리

개펄에서

물길 막힌 개펄 위로 땅거미 내려온다

긴 부리 도요새가 발자국 찍을 동안

맛조개 혀를 빼물고 까치놀을 핥는다

신논현역 7번 출구

챙 넓은 우산처럼 품을 열어 날 맞았지
만남의 실을 꿰는 그 출구 매양 거기
발효돼 곰삭은 얘기 맛깔스레 나눈다

오랜 날 다른 곳만 바라보고 걸어온 길
오늘은 그대 앞에 밝은 햇살 풀어 놓고
뉘엿한 금빛 놀 안에 눈을 가만 맞춘다

스핑크스의 미소

온종일 사람 맞는 피라미드 파수대장

사하라 모래바람 온몸으로 막고 서서

사구 밖 붉은 노을에 땀 찬 역사 씻는다

다모클레스의 검*

성글게 쌓은 돌탑 바람에 삐걱댄다

금이 간 권좌 위엔 주름지고 모난 얼굴

어디서 칼 빼 드는 소리 천둥처럼 들려 온다

*높은 자리에 있는 사람의 긴장과 불안, 행복에 따르는 위험
 을 뜻하는 말

부용대에서

태백의 말석에서 물길을 휘감는다

산의 혈맥 틀어쥐고 빚어낸 하회마을

곧추선 부용의 넋이 먼 하늘로 굽이친다

대장동*에 서서

쑥부쟁이 구절초 핀 이 가을이 시큰하다

금고 속 '억' 소리가 투기꾼 배 불릴 때

풀들도 붉으락푸르락 분노하며 시든다

*개발 사업 의혹이 불거진 경기도 성남시 대장동.

어느 비[雨]요일

웅크린 날갯죽지 오늘은 펴지려나
넘실대는 구름덩이 숨 닳도록 스쳐가도
눈꺼풀 밀어 올리며 쪽빛 하늘 찾는다

파도에 몸 맡기고 흔들리는 해초처럼
온종일 버둥대다 다시 놓친 하루인가
추슬러 하늘을 보니 첫 별이 울고 있다

봄옷을 꺼내며

한 계절 매무새를 주름 잡아 뽐내다가
세탁기 험한 물살 이 악물고 참아내곤
아홉 달 장롱 안에서 새우잠을 잤구나

다시금 봄날 되어 준비하는 들뜬 외출
겨자 빛 찰랑이는 세상과 눈 맞추다
삽시에 안거에 들 듯 긴 잠 다시 자겠지

오늘은 물새로

동해를 바라보면 날개가 돋아난다

파도 빛 물보라가 진주알로 영근다는

전설 속 섬을 찾아서 수평선을 넘는다

오래된 뉴스
-판문점에서

주린 눈빛 하이에나 남녘 땅 기웃댄다

길게 두른 가시 철책 울타리 맴돌면서

칠십 년 그 긴 세월을 지금까지 엿본다

영부인의 브로치

하얀 옷 왼편 가슴 태극기가 펄럭인다

하늘 땅 물과 불이 어우러진 세상 앞에

한류를 실어 나른다, 배달족의 꿈이 큰다

*2022.6.29. 나토 정상회의 때 김건희 여사의 태극기 브로치가 인상적이었다.

어우동 스캔들

1판 1쇄 발행 2023년 5월 10일

지은이 | 최 은 희
펴낸곳 | 열린출판
등록 | 제 307-2019-14호
주소 | 경기도 고양시 덕양구 권율대로 656, 1401호
전화 | 02-6953-0442
팩스 | 02-6455-5795
전자우편 | open2019@daum.net
디자인 | SEED디자인
인쇄 | 삼양프로세스

ⓒ 최은희, 2023
ISBN 979-11-91201-45-1 03810

*책값은 뒤표지에 표시되어 있습니다.
*저자와 협의하여 인지를 생략합니다.